AF497360

DISSERTATION

PRÉLIMINAIRE

SUR LE

CODE PÉNAL

DE FRANCE,

TRADUITE DE L'ANGLAIS,

SERVANT D'INTRODUCTION A LA PUBLICATION ANGLAISE
DE CE CODE.

> La philosophie est digne de tout notre
> intérêt, lorsqu'elle a pour but les lois
> criminelles ; comme elles font partie du
> droit public, elle reçoit un nouveau lustre
> de son enseignement, si elle parvient à les
> améliorer ou à leur servir d'auxiliaire.

ROUEN,

IMPRIMERIE DE NICÉTAS PERIAUX,

RUE DE LA VICOMTÉ, N° 55.

1830.

AVERTISSEMENT

DE L'ÉDITEUR.

La Dissertation que nous donnons aujour-d'hui au public, a été imprimée, à Londres, à la tête du Code pénal de France, traduit en anglais, et publié dans le courant de l'année 1819. La Législation pénale de France, quelles qu'aient pu être ses variations par rapport aux délits extraordinaires de la presse, comme celle d'Angleterre, pour laquelle le Parlement s'occupe en ce moment de quelques améliorations relatives à la suppression de la peine capitale dans certains cas de faux publics, n'a point subi de changements sensibles depuis le commencement de cette période de onze années ; aussi avons-nous cru que les remarques de l'auteur de cette Dissertation seraient favorablement accueillies de tous ceux qui attachent quelque intérêt à la législation du pays. Nous avons joint quelques notes à la traduction du texte et une épigraphe au titre : ces notes sont en très-petit nombre, et ne servent qu'à donner des explications spéciales ; ayant pensé que les idées de l'auteur étaient trop claires pour avoir besoin d'être interprétées, ou trop bien déduites pour être réfutées partiellement.

Paris, le 16 juillet 1830.

DISSERTATION

PRÉLIMINAIRE

SUR LE

CODE PÉNAL

DE FRANCE.

Cᴇᴛᴛᴇ traduction du Code pénal de France a été entreprise dans l'espoir qu'une connaissance plus générale des dispositions de ce code peut, principalement à cette époque, favoriser jusqu'à un certain point l'étude de la législation; science intimement liée avec la paix et l'amélioration de la vie sociale, et vers laquelle se dirigent beaucoup d'esprits dans presque toutes les nations de l'Europe civilisée.

C'est par un échange mutuel et amical d'opinions parmi les hommes éclairés de différentes contrées, faisant de chaque côté sacrifice de leurs préjugés respectifs nationaux, que des systèmes de législation et de jurisprudence finiront, sans doute, par s'établir sur de justes principes, pour assurer autant que des institutions humaines peuvent le faire, les libertés et le bonheur du genre humain. Nous ne pouvons pas prévoir, avec espérance de succès, le temps où il sera possible d'offrir avec certitude ceux de ces principes capitaux qui soient communs à toutes les nations, et sur lesquels la législature de chacune puisse greffer des lois particulières adaptées exclusivement à sa propre situation et à ses circonstances particulières ; retenant cependant un système commun d'arrangement ; et où les lois civiles et criminelles de chaque état pourront être exprimées avec clarté, certitude et briéveté, de manière à former un guide réel pour le peuple, sous l'arbitre desquelles sont placées leurs vies et leurs fortunes (1).

____

(1) Voici quelques réflexions sur les dispositions qui sont jugées nécessaires à l'exécution complète des lois, qu'on ne trouvera peut-être pas déplacées ici.

« Les progrès de la science entraînent ceux de la civilisa-
« tion ; mais il faut que ces derniers soient dirigés, encouragés,
« vivifiés par des réglements exactement observés. Les arts ,
« l'architecture, l'industrie, le commerce, la littérature, ne
« peuvent fleurir que par la protection éclairée des princes et
« par une heureuse suite et une sage combinaison des efforts des
« peuples. Si l'amour de l'ordre ne conserve pas la symétrie de

(3)

Nous ne pouvons peut - être pas attendre
un grand effort pour l'accomplissement de cet
important objet , de ceux de nos jurisconsultes
anglais qui sont les plus distingués par leur science
et leurs talents ; mais qui, pour cette raison même,
ont à la fois leur temps et leur attention presqu'en-

« ces efforts, les débris ou les éléments de l'édifice dispersés , et
« assez difficiles à coordonner entr'eux , d'une réunion lente et
« pénible, resteront exposés à toute l'intempérie du temps et à
« un dépérissement d'un aspect aussi désagréable à la vue , em-
« preinte caractéristique de l'état d'imperfection dans laquelle la
« construction subsiste. Un principe de vie , sain et renouvelé
« par des organes artistement combinés avec toutes les parties
« d'un tout régulier, doit avoir son libre cours , pour que les con-
« ditions de l'existence se développent dans les limites les plus
« désirables. Ce résultat ne s'obtient , dans la société , que lors-
« que tous les intérêts , si différents qu'ils puissent paraître , si
« multipliés qu'ils soient, si divisés qu'ils se trouvent, concou-
« rent, malgré leurs dehors peu douteux d'hostilité, à l'ensemble
« des rapports les plus favorables entre les masses et les individua-
« lités. La participation aux avantages produits par l'expérience
« et les triomphes de l'industrie , peut être accordée à toutes les
« classes de la société, en même temps que les droits inhérents
« à chacune d'elles doivent se conserver dans toute leur intégrité.
« La conservation de ces droits est le lien le plus puissant de la
« société , le meilleur, et peut-être le seul frein contre l'anar-
« chie ; les exposer à subir le caprice de chaque individu, c'est
« abandonner des productions de la terre au retour des saisons ,
« sans consulter l'époque de leur maturité, ou sacrifier aux ef-
« fets du feu des provisions qu'il était destiné à convertir en ali-
« ments plus faciles à digérer. Il est trop à craindre que la
« science de chacun, si elle n'est dirigée vers la consolidation du
« tout, ne dégénère en une stupidité sociale que l'égoïsme ou

tièrement absorbés par les différents devoirs qu'ils ont à remplir dans les tribunaux. On peut aussi observer qu'une impartialité parfaite n'est pas au pouvoir de l'homme ; et que ceux qui se sont avancés en rang , en richesse et en considération, par la pratique de la loi existante, sont naturellement disposés à regarder , avec un œil fa-

---

« la vanité aura fait prendre pour de la liberté ou un trésor
« d'industrie. Toutes les volontés, au contraire , en tendant au
» même but, se fortifient, et tirent de leur froissement même
« une vigueur qui ne s'éteindra jamais, tant que des défections
« plus ou moins sensibles n'en arrêteront pas le concours. Si, d'un
« côté, l'instruction , en se répandant, donne des idées plus justes
« sur ce qui peut contribuer au bonheur , il ne faut pas se dis
« simuler que l'expérience attache bientôt quelqu'amertume aux
« efforts que l'on tente pour atteindre le but que l'on croyait
« bien près de soi; que plus les projets paraissent d'une exécu
« tion facile, plus les résistances prennent de force et d'accroisse
« ment; et que le découragement est sur le point de succéder
« aux plus belles espérances de succès. Les secours que l'on
« prétendait tirer du hasard se convertissent souvent en de nou
« veaux accroissements de puissance contre la faiblesse , ou ne
« lui arrivent plus qu'empoisonnés. Les récompenses et la publicité
« que l'on accorde à certaines belles actions , peuvent sans doute
« exciter quelque part une louable émulation ; mais gardons-nous
« de trop compter sur un exemple de vertu isolé : ce ne sont
« point des exceptions qui donnent à la société une impulsion et
« une allure en harmonie avec ses institutions. Chacun de ses
« membres se trouve placé entre des droits et des obligations;
« on pourrait soupçonner un défaut de modération dans l'exer
« cice des uns et l'observation des autres , lorsqu'un pouvoir,
« assez puissant pour être redouté , n'interpose pas son respec
« table contrôle. » (*Note du traducteur.*)

(5)

vorable, le système qui leur a valu leur réputation ;
à penser que la science qui leur a coûté le fruit
d'une vie entière à acquérir avec perfection, doit
être, sous tous les rapports, digne des sacrifices
qu'ils ont faits ; à identifier l'honneur de ce système avec le leur, et à s'opposer trop indistinc-
tement à tous les essais d'altération.

Combien on trouverait peu d'hommes, combien
doit-on s'attendre à en trouver peu, qui, comme
sir Samuel Romilly, de récente mémoire, uniront
les talents qui élèvent un avocat à la tête de sa
profession avec ce désir ardent et persévérant
d'étendre sur une échelle élevée les intérêts de la
justice et de l'humanité, qui l'engagèrent à ajouter
aux travaux de son état la préparation de projets
destinés à l'amélioration de la loi ; les soumettant
plusieurs fois à la législature, et plaidant pour
leur adoption ; ne se fatiguant pas d'une lutte
d'opposition et de fréquents manques de succès,
et ne cessant de renouveler ses attaques, quand
il considérait qu'il lui restait une perspective de
succès.

Mais la perte de cet homme distingué n'éteint
pas en nous l'espérance de voir s'effectuer ces
essais d'amélioration, qu'il n'a pu malheureusement voir réalisés de son temps.

L'idée de rédiger la loi anglaise dans une forme

plus régulière et plus convenable que celle sous laquelle elle existe maintenant, a été conservée par plusieurs de ceux qui ont fait de cette loi leur étude. Le docteur Burn, à la fin de son savant ouvrage, nous assure que cette tâche, pour ce qui est de la loi-statut, « ne semble en aucune « manière impossible à faire par une personne d'une « intelligence ordinaire, douée seulement d'une tête « claire et de beaucoup de patience »; et ce livre est lui-même un excellent digeste des diverses parties de loi qui composent son travail.

M. Evans, vice-chancelier du comté palatin de Lencastre, a récemment entrepris et exécuté, avec une grande habileté, une classification, en huit volumes, de nos statuts existans. Les hommes de la profession et le public lui doivent beaucoup: sa forme condensée et son arrangement méthodique le rendent utile au légiste; et les notes de l'éditeur et l'appendix ne peuvent pas manquer d'intéresser le lecteur savant, et de donner une assistance utile à ceux qui commenceront, ou qui seront appelés à s'occuper de quelque amélioration de la loi.

Aux différents chapitres du code pénal, traduit en anglais, sont ajoutées des notes établissant le nombre des statuts maintenant en vigueur sur les mêmes sujets, avec le titre correspondant pour la collection de M. Evans (1). Il aurait été facile de faire , d'une manière plus étendue , une comparaison entre la loi française et la loi anglaise ; mais le seul objet de ces notes est de montrer en combien peu d'espace nos dispositions sur les mêmes sujets ont pu être resserrées par les législateurs français. Il y a plus de sept cent cinquante actes du parlement applicables à la loi criminelle, indépendamment de trois cent quatre-vingt qui ont rapport aux procédures devant les juges de paix. Tous ces derniers sont divisés par M. Evans en quarante classes , compris dans ses quatre derniers volumes. Le lecteur peu versé dans les lois se rappellera que le livre des statuts contient seulement une portion des lois d'Angleterre ; puisqu'elles ne sont que les altérations qui ont été, de temps en temps , faites, par le parlement , dans la loi *commune* ou *non écrite*. Cette loi commune se tire des décisions des cours , sur des cas particuliers , qui sont publiées séparément sous le nom de registres (*reports*).

Le savant compilateur des statuts , dont je viens de parler , rend témoignage de l'avantage d'une révision. « Il est certainement difficile , dit-il , de « concevoir sur quels principes on prétendrait que,

---

(1) Ces notes sont de simples renvois, comme nous en trouvons dans nos manuels de lois. (*Note du traducteur.*)

(8)

« quand chacune des autres sciences a été pro-
« gressive, et a suivi le cours naturel de l'obser-
« vation et de l'expérience, dans la correction
« d'erreurs reconnues et l'extension de découvertes
« utiles, les sciences de la législation et de la juris-
« prudence seront seules considérées comme sta-
« tionnaires ou retrogrades. »

Cette opinion est confirmée par celle d'un homme
qui passe pour le philosophe le plus éclairé et
le plus profond de nos jours (1).

« Parmi les différentes circonstances favorables
« au bonheur humain dans l'état présent du monde,
« la plus importante peut-être est que les mêmes
« événements qui ont contribué à relâcher les
« fondements des anciennes fabriques de despo-
« time, ont mis en état beaucoup mieux qu'aupa-
« ravant *de réduire les principes de législation*
« *en science*, et de prévenir le cours probable
« d'opinions populaires. Il est aisé, pour l'homme
« d'état, de se former une idée distincte et stable
« des derniers objets auxquels un législateur doit
« viser ; il sait prévoir cette modification de l'ordre
« social à laquelle les affaires humaines ont d'elles-
« mêmes de la tendance à approcher ; et en con-
« séquence sa sagacité et son adresse pratique sont

____

(1) Stewart, *Eléments de la philosophie de l'esprit humain.*

(9)

« limitées au soin d'accomplir les fins importantes
« qu'il a en vue, avec autant d'efficacité et de ra-
« pidité qu'en comportent le bonheur des indi-
« vidus et les droits naissant des institutions ac-
« tuelles.

« Dans la vue de jeter des fondements solides
« pour la science de la politique, le premier pas
« devrait être de donner avec certitude cette forme
« de société qui est parfaitement agréable à la
« nature et à la justice, et de faire connaître
« quels sont les principes de législation nécessaires
« pour la maintenir. La recherche n'est point aussi
« difficile que d'abord on pourrait le craindre ;
« car on pourrait facilement montrer que la plus
« grande partie des désordres politiques, qui
« existent parmi le genre humain, ne naissent
« pas d'un défaut de perspicacité dans les légis-
« lateurs, qui a rendu leurs lois trop générales,
« mais de ce qu'ils ont eu trop peu de confiance
« dans l'opération de ces institutions simples que
« la nature et la justice recommandent ; et en
« conséquence il est à présumer qu'avec les progrès
« de la civilisation, on doit voir diminuer plutôt
« qu'augmenter le nombre des lois, et la science
« de la législation se simplifier graduellement. »

Les codes français sont l'ouvrage de la révolution. Jusque-là la France consistait en dif-

férents états et provinces gouvernés chacun par
ses propres lois , variant beaucoup d'un pays à
l'autre ; mais la principale distinction était celle
qui divisait le royaume en pays coutumier et en
pays de droit écrit.

En Angleterre , nous savons par expérience
les inconvénients inséparables d'une loi non écrite :
à une époque perdue dans une antiquité reculée ,
quelque chef , qui avait obtenu l'autorité sur les
sauvages qui l'entouraient , donnait force de loi
à ses grossières idées de justice. Il était naturel
que lui , et ceux qui lui succédaient , visassent
à l'uniformité ; une sorte de système général était
formée sur la considération des usages antérieurs ;
et cet état de chose , dans lequel le juge déclare
ou conjecture comment son prédécesseur aurait
décidé , forme le plus simple état de la loi non
écrite.

A mesure que les décisions se multipliaient ,
certains principes généraux étaient si bien établis ,
qu'il n'était plus nécessaire de citer un exemple
antérieur ou un précédent pour leur servir d'appui;
certaines maximes , ou certaines sentences sages
étaient considérées comme d'une grande autorité.
Il devint extrêmement difficile de décider une
question autrement qu'elle n'avait été décidée dans
une cause précisément semblable ; et la raison ,

la justice et la convenance de chaque cas parti-
culier fournissaient des arguments qui pesaient
plus ou moins dans l'esprit du juge.

Malheureusement, ces différentes forces agissent
souvent en différentes directions, et rivalisent pour
la domination. Le juge trouve qu'on peut dire
beaucoup de chaque côté, balance le mieux qu'il
peut le poids des principes qui se combattent
entr'eux, et chaque décision est un autre in-
grédient qui fait masse.

Cette confusion n'est nullement particulière à
la loi commune. L'action des *actes du parlement*
varie avec la loi sur laquelle ils opèrent. Un acte
du parlement est seulement un principe de loi.
Chaque principe tend à plier, quand des principes plus nombreux et plus forts peuvent être
mis en opposition avec lui, et différents cas,
dans lesquels les actes du parlement ont été in-
directement, ou même directement, rejetés dans
nos cours, doivent être familiers au jurisconsulte
anglais.

Si de tels inconvénients étaient très-sentis dans
le *pays coutumier*, ils s'étendaient, en quelque
dégré, à ces parties de la France où la loi romaine était reconnue comme la base de leur
jurisprudence. La loi romaine fut, quelque temps,
une loi non écrite; l'objet de Justinien, et de

ceux qui le précédèrent , était plutôt de compiler que de créer un code ; et , malgré la sagesse déployée dans la loi civile , elle n'a jamais été trouvée convenable dans la pratique.

La révolution française fournit l'occasion d'un changement complet. Elle donna assez d'énergie à un peuple libre pour entreprendre la tâche de préparer un code qui , émanant des représentants du peuple, obligerait le peuple par sa propre autorité , et remplacerait une jurisprudence s'appuyant seulement sur la coutume , ou adoptée des nations étrangères , contenant les règles directrices de la société civile. L'ouvrage, une fois commencé , fut achevé sous le despotisme qui suivit , avec plus d'ordre et d'uniformité qu'on ne peut en attendre dans un temps de liberté.

Les codes de l'empire sont au nombre de cinq.

1° Le *Code civil* décrété à des époques successives , dans les années 1803 et 1804. Ces lois furent, dans l'année 1804, réunies par une loi dans un volume, sous le titre de *Code civil des Français ;*

2° Le *Code civil de procédure* , décrété en 1806;

3° Le *Code de commerce* , décrété en 1807 ;

4° Le *Code d'instruction criminelle* , décrété en 1808;

5° Le *Code pénal* , décrété en 1810.

L'étude de ces codes sera facilitée de beaucoup par la lecture des *motifs et rapports* par lesquels leurs différentes parties furent successivement recommandées, par ordre du gouvernement, à la législature française, et par celle des rapports qui furent faits devant elle par des comités. Nous ne devons pas, en effet, nous attendre à y trouver le résultat d'une libre discussion : les législations de l'empire n'étaient pas admises à délibérer ; mais ces travaux sont dûs à des hommes capables ; et leurs arguments, s'ils ne sont pas impartiaux, sont au moins instructifs.

Les lecteurs de la *Revue d'Edimbourg* se ressouviendront de différents articles sur ce sujet ; mais la célébrité de ce journal rend inutiles de plus amples informations pour les trouver.

L'équité des codes français, pour ce qui est des individus entre eux, est peu contestée ; leur arrangement lumineux et philosophique, leur clarté, leur certitude et leur briéveté, sont sans parallèle dans les lois existantes de quelque autre contrée. Néanmoins, une parfaite précision n'est pas encore atteinte ; le jurisconsulte français tire encore beaucoup de ses arguments des décisions des tribunaux et des règles de la loi civile ; et nous pouvons seulement dire, avec vérité, qu'il paraît plus argumenter d'après le texte de la loi que l'avocat anglais ne le fait d'après les principes purement légaux , et moins d'après d'autres autorités.

Le code Napoléon, dont une traduction anglaise a été publiée par M. Barett , définit les droits des personnes et des choses. Ses principales dispositions sont celles de la loi civile, en ce qu'elle peut être regardée comme la justice naturelle ; et la supériorité générale de ses dispositions est telle qu'il a survécu au pouvoir de la personne dont il a porté le nom , et il est maintenant en vigueur. C'est une exception trop honorable pour le présent Roi (Louis XVIII). La pernicieuse facilité du divorce, établie dans les premiers temps de la révolution, est une liberté limitée par le code ; mais il était réservé au règne d'un prince religieux d'abolir entièrement une pratique qui, en quelque degré et sous quelque pretexte qu'elle soit tolérée , doit être considérée comme un triomphe de passions et d'intérêts humains sur les préceptes des écritures saintes, l'autorité de l'église, et les intérêts les plus importants de la morale et de la vertu.

C'est le code pénal que nous présentons aujourd'hui au lecteur anglais : il semble inutile d'entrer dans quelque discussion de ses mérites généraux.

On observera que la punition de la marque est fréquemment employée en France. Chez nous elle est infligée d'une manière différente , et a été très-rarement réservée dans les temps modernes ; excepté dans les cas aggravants d'homicide involontaire , où il a certainement produit un bon effet , en réprimant la pratique brutale de frapper du pied , qui prévalut d'abord , et n'est pas encore complétement abandonnée dans certains districts. Le fouet est entièrement inconnu en France. Un des actes du parlement a exempté les femmes de cette punition dégradante , et elle est très-rarement ordonnée par les juges dans leurs circuits. Il fut , cependant , réellement infligé publiquement et non publiquement, environ cent cinquante fois , dans un comté , durant l'année 1818.

Dans les codes de procédure civile et criminelle , le trait le plus intéressant pour un anglais est qu'ils établissent le droit du sujet à une épreuve publique par jury dans la plupart des cas criminels de quelque importance , mais non dans les épreuves pour de plus légères offenses. L'unanimité n'est pas requise du jury ; il se décide par une pure majorité et , si les voix sont égales, le prisonnier est acquitté. Si le verdict lui est défavorable , les juges ont le pouvoir , sous certaines restrictions, de l'annuler , ou d'accorder une nouvelle épreuve (1); mais les règlements, pour ce projet, sont quelque chose de compliqué, et font maintenant l'objet d'une révision (2). On accorde un *siége* au prisonnier durant les débats (3); et, sous ce rapport, nous pouvons prendre des leçons d'humanité de nos voisins, soit de France, soit d'Écosse. Dans les cas civils, l'épreuve par jury est entièrement exclue, et il n'y a pas de témoins examinés publiquement comme dans nos cours de loi commune. Ces deux codes, ainsi que le code de commerce, n'ont pas encore été traduits ; mais si d'autres occupations me le

---

(1) Voyez les articles 352 et 364 du Code d'instruction criminelle. (*Note du traducteur.*)

(2) Il s'agissait de savoir si la minorité du jury réunie à la majorité de la cour, c'est-à-dire cinq voix plus trois, ne devaient pas balancer la majorité du jury et la minorité de la cour, c'est-à-dire sept voix plus deux ; on a décidé que, dans ce cas, l'acquittement serait prononcé. Le traducteur de cette dissertation, qui se rappelle d'avoir assisté plusieurs fois à la cour d'assises de Paris, pendant son stage, lorsqu'il a été question d'appliquer l'ancienne loi, croit pouvoir assurer que ses confrères et lui étaient tellement convaincus de l'omnipotence de la majorité du jury, que l'incident résultant de la décision de la simple majorité de la cour en faveur de l'accusé, malgré son défaut d'influence sur le sort de celui-ci, faisait peu d'impression sur leur esprit. (*Note du traducteur.*)

(3) Cette expression signifie sans doute que l'accusé est admis à donner des explications sur toutes les dépositions ou allégations des parties du procès. (*Note du traducteur.*)

permettent , et que le public semble le désirer , ils paraîtront peut-être traduits en langue anglaise. Ces codes ont tous été établis comme loi dans toute l'étendue de l'empire français , et continuent d'être en vigueur, non-seulement en France, mais encore, à peu d'exceptions, dans les provinces incorporées à l'empire , mais rendues maintenant à leurs anciens souverains. On rapporte que le Roi de Sicile a dernièrement pris la détermination d'organiser tous les tribunaux de son territoire insulaire aussi bien que continental, d'après le modèle de ceux établis en France ; et à en juger par l'état actuel de la jurisprudence , dans différentes autres nations , le système de France doit acquérir avec le temps encore plus d'extension.

Si les institutions par lesquelles tant de millions de nos voisins sont gouvernés , ne sont pas encore connues en Angleterre aussi bien qu'on pourrait s'y attendre , on doit, en grande partie, attribuer cette circonstance à l'état de guerre qui a existé entre les deux nations , et qui a fait que beaucoup d'entre nous n'ont pas voulu recueillir d'instruction d'un ennemi si acerbe. N'attribuons point à d'autre cause qu'au défaut de connaissance du sujet , les préjugés très-forts que nous voyons fréquemment prévaloir , et qui peut-être ne se trouvent nulle part plus violemment exprimés que dans un des derniers numéros de la Revue anglaise. Là , parmi d'autres remarques sur les jugements pour l'assassinat de M. Fualdès , les rédacteurs vont jusqu'à déclarer « qu'il est manifeste que les ob-« servances que le sens commun , la prudence , « l'humanité et la justice imposent , pour guider « et limiter le cours d'un jugement où il s'agit « de la vie , n'existent pas pour un prisonnier « en France ; que les procédures contiennent « presque toutes les espèces d'absurdités et de stra-« tagèmes ; et on finit par mettre hors de doute « cette assertion qu'un bon jugement ne peut être « obtenu en France , sous le système actuel des « procédures judiciaires. » *Revue britannique*, n° 22.

Comme la publication ci-dessus citée est en général très-considérée , et que ses opinions et sentiments , sur quelques importants sujets , sont ceux d'une grande partie de la nation , ses erreurs occasionnelles en raisonnement et en fait sont les plus malheureuses. Examinons quels sont les fondements des conclusions ci-dessus rapportées.

Les débats en question offraient des difficultés extrêmes aux magistrats qui s'en occupaient. Dif-férentes personnes d'une situation supérieure dans la vie devaient être jugées à mort , et le prin-cipal témoin était une femme , qui seule pouvait donner les éclaircissements requis pour les fins de la justice, mais dont la déposition, *si elle s'ex-pliquait*, devait nécessairement établir un fait qui détruisait sa réputation, et qui devait aussi envoyer à l'échafaud un des prisonniers qui l'avait sauvée des mains de ses compagnons, puisqu'ils étaient convenus de sacrifier leur vie à leur propre sûreté.

Indépendamment de l'atrocité du cas, il y avait une autre raison puissante pour ne pas laisser échapper l'accusé, s'il était réellement coupable. Il était nécessaire pour satisfaire l'esprit public que pleine justice fût faite ; car quelques rapports avaient recueilli du dehors que le meurtre était dû à des causes politiques, et devait être attribué au gouvernement ; et ces bruits, quoique absurdes, avaient obtenu du crédit.

Est-il alors surprenant que les plus grands soins aient été pris pour obtenir la vérité de ce témoin plein de répugnance, que les menaces et la persuasion aient été employées à cet effet, avec toute l'adresse dont étaient douées les parties intéressées ; que si une certaine quantité de flatterie était jugée propre à produire un bon effet, cet expédient n'ait point été omis ; et que le juge n'ait pas laissé sa patience s'épuiser par la conduite capricieuse qu'on devait attendre d'un tel per-sonnage?

Plusieurs des incidents qu'on dit avoir eu lieu dans les cours de Rhodès et d'Alby, doivent avoir également eu lieu à la cour de Old Bayley, dans des débats devant les juges anglais avec lesquels les rédacteurs de la Revue britannique comparent continuellement, mais avec assez peu de justesse, le président d'une cour d'assises de France. Car quoiqu'un membre d'une cour royale, président à la cour d'assises, ait à remplir des fonctions semblables, son rang et son traitement ne sont point en rapport avec ceux dont jouissent leurs seigneuries les juges du banc d'Angleterre ; et on suppose, en effet, qu'ils ne s'élèvent guères qu'à ceux dont est rétribué un capitaine dans notre armée. Et en faisant une juste part au style fleuri, et apparemment à la manière froide dans laquelle les anglais sont plus accoutumés à s'exprimer, la différence entre le cours de la procédure dans les deux contrées paraîtra beaucoup moindre qu'au premier abord.

Les points les plus essentiellement différents, et sur lesquels les charges des rédacteurs de la Revue tombent plus directement, sont principalement ceux-ci :

D'abord on prête au président comme une faute qu'il permît aux témoins d'établir des choses de nulle importance, telle qu'une déposition de

ouï-dire, et leurs propres opinions et soupçons.
On représente ensuite une de ces personnes
faisant un long récit, qui, à la vérité, n'avait
aucun trait à l'accusation : le président est accusé d'avoir eu la patience de l'attendre jusqu'au
bout, et alors d'avoir demandé au prisonnier
Bastide ce qu'il avait à dire sur ce témoignage !
On passe ensuite à un autre incident, où le conseil du prisonnier essaya d'interrompre un autre
de ces témoins au milieu d'une divagation, et on
se plaint que la cour fît taire l'avocat qui s'ac-
quittait de ses fonctions.

Maintenant, quand la loi commande expres-
sément que « le témoin ne soit pas entendu », et
« qu'après chaque déposition le président demande
« à l'accusé s'il répondra à ce qui vient d'être dit
« contre lui. » (*Code d'instruction criminelle*, art.
319) , il n'est pas nécessaire d'ajouter beaucoup à cette disposition, pour montrer que, sur
ce reproche, le juge au moins peut être excusé
d'avoir fait plus que son devoir. L'usage d'entendre chaque témoin faire sa déposition à sa
manière, sans interruption , et de l'examiner en
même temps sur des détails d'une autre nature,
n'est pas lui-même absurde, particulièrement pour
ce qui a rapport aux témoins français, quoique
la loi anglaise soit certainement tout autre.

Si l'on demandait pourquoi l'on appelle des témoins dont aucune partie de la déposition ne peut influer sur le verdict du jury, on peut répondre qu'il est fréquemment nécessaire d'en agir ainsi dans les cas criminels ; et on a donné ci-dessus une raison pourquoi le ministère public ne devrait pas laisser sans déposer une personne qui proposerait de le faire, et que le public pourrait supposer n'avoir été écartée de la cour que parce qu'elle aurait découvert des faits impliquant le gouvernement.

Peu de jours se sont écoulés depuis que l'avocat-général a mis en jugement, pour leur condamnation à mort, aux sessions de l'Amirauté de Londres, différentes personnes qu'il devait savoir être innocentes ; et beaucoup de témoins furent examinés dans cette occasion, que la partie publique devait savoir disposés à venir donner une fausse déposition ; mais alors les prisonniers étaient le maître et des soldats d'un vaisseau de transport qui avait fait feu sur les coupables ; le fait d'homicide était notoire ; qu'il eût eu lieu dans la défense personnelle, c'était un point qui pouvait être connu seulement de ceux qui avaient examiné les témoins ; et une poursuite était considérée nécessaire à cet effet, non pour obtenir la conviction, mais pour satisfaire le public sur la

question de savoir si les prisonniers étaient jus-
tifiables en ce qu'ils avaient fait ; et afin que
s'ils ne se justifiaient pas , le gouvernement ne pût
pas les protéger.

A cela on peut ajouter que toutes règles dé-
clarant une déposition inadmissible sont, théori-
quement au moins, soumises à beaucoup d'objec-
tions. Il est absurde de contrôler , par des règles
arbitraires, la procédure par laquelle l'esprit peut
arriver à la certitude sur une question de fait.
Qui voudrait maintenant penser à lire des livres
écrits par Aristote pour apprendre à des hommes
comment syllogiser ? De telles règles sont écartées
des affaires de la vie commune, dans laquelle le
sentiment de leur propre intérêt les fera toujours
raisonner aussi bien qu'ils le peuvent.

Dans les tribunaux, ces règles sont un empiè-
tement manifeste sur les fonctions du jury , qu'elles
présument incompétent pour son devoir , et gou-
vernant sous le prétexte de l'assister ; et elles
ne peuvent avoir un effet complet. Le juge,
qui exclut ce qui n'est pas déposition , devrait ,
pour être conséquent, forcer le jury à estimer
comme sa valeur convenable ce qu'il admet, et
à rejeter de leur considération tout ce qu'il n'aurait pas permis d'entendre , s'il n'avait pas été
ajouté à certaines choses qu'il ne pouvait pas

refuser d'entendre. Mais ceci est impossible ; et en conséquence les jurés, qui sont assistés dans la tâche la plus facile, sont abandonnés à eux-mêmes lorsqu'il s'agit de la plus difficile.

Le cas de Jacques Ashcroft et autres, jugés à Lancastre, aux assises d'août 1817, fournit un exemple d'hommes convaincus et exécutés sur une déposition qui n'avait aucune application légale à leur cas (1). Qu'on lise un exposé de leur jugement, et qu'on dise si tous ou quelqu'un d'eux pouvait être convaincu, à moins qu'Ashcroft l'aîné

---

(1) Comme on se réfère ici à un cas qui excita beaucoup l'attention, il est bien entendu que la citation est faite sans la plus légère intention d'accuser la justice de la punition de ces hommes. Qu'ils fussent réellement coupables du meurtre pour lequel ils subirent une peine, ce fut un point, soit légalement ou non, prouvé d'une manière satisfaisante aux débats, et on sait qu'il a, depuis, transpiré d'autres circonstances qui confirment hautement la supposition de leur culpabilité. Leurs protestations même d'innocence, qu'ils firent avec force, et dans lesquelles ils persistèrent jusqu'à la fin, firent aussi une vive sensation ; mais elles auront peu de poids pour quiconque réfléchit que ces protestations offraient seulement aux prisonniers la chance de l'acquittement ou d'un sursis. Il n'est pas étonnant que des hommes, dont la conduite avait été tant d'années un cours continuel de désordre, aient essayé, pour sauver leur vie, de parler le langage de l'innocence. Il est plus suprenant qu'on ait argumenté des dernières paroles de personnes ainsi abandonnées, comme contenant avec certitude une véritable exposition des termes qu'ils affirment, des opinions qu'ils conservent, ou des espérances qu'ils entretiennent.

n'eût fait une confession. Cette confession était une déposition contre lui seul; et si les prisonniers avaient été jugés séparément, et par des jurys distincts, elle n'aurait pas été répétée, et n'aurait servi qu'à son jugement. Pouvait-on attendre que le jury séparerait les cas du prisonnier, pour obéir à une disposition de la loi, qui n'est pas une règle du sens commun? Ils raisonnèrent comme tous les hommes qui ont le libre usage de leurs facultés doivent raisonner, en prétendant que l'aveu, s'il était bien fait, était concluant contre lui Ashcroft, et qu'il était impossible de le croire coupable et les autres innocents. Cependant, où est la différence, en principe, entre des hommes qui déclarent les accusés coupables, sans absolument aucune preuve ou déposition légale, et ceux qui condamnent dans un cas où il existe à la vérité une certaine quantité de preuves légales, mais pas assez pour les trouver coupables?

L'autre reproche est relatif à la conduite du juge à l'égard des prisonniers. Il dit à Bastide et à Jausion : « Vous étiez certainement dans la « maison de Bancal; dites-nous qui de vous a « sauvé la vie d'une femme. » Il dit à la femme Bancal qu'il savait qu'elle était coupable, et, lui montrant la croix du Christ, la conjura de rendre hommage à Dieu, et de ne pas cacher plus long-temps la vérité.

La loi n'est nullement ambiguë : « Le président » peut demander aux témoins et à *l'accusé* tous » les éclaircissements qu'il pensera nécessaires » pour la manifestation de la vérité. » (*Code d'instruction criminelle* , art. 319.) Cet article confirmera certainement les rédacteurs dans leur opinion, que la juste et humaine règle de notre loi que nul prisonnier ne peut être admis à s'accuser lui-même, (cette règle juste et humaine admet que le prisonnier est réellement criminel), n'a pas de place dans la théorie ni dans la pratique de France. Il sembla aux législateurs de cette contrée que le prisonnier était au moins aussi propre qu'un des témoins à connaître sa culpabilité ou son innocence, et que, s'il est réellement innocent, il a le plus grand intérêt à donner tous les renseignements qu'il peut donner. C'est d'après ce principe que les cours doivent agir ; et, dans les questions posées ci-dessus, il n'est pas facile de voir quelque chose de mal-séant de la part d'un bon juge ou d'un homme de bien. N'est-ce pas le devoir de tout homme de dire la vérité quand elle est légalement requise? Dégradé comme un prisonnier peut l'être par ses crimes, n'est-il pas encore un homme et un frère?

N'a-t-il pas encore un sens moral, une conscience, et une ame? Et n'est-ce pas cette indulgence non méritée pour ses intérêts temporels, qui, en le mettant à l'abri de tout interrogatoire, l'encourage, dans l'espoir de pouvoir échapper à une juste punition en trompant ses juges? Nous sommes accoutumés à entendre parler de la justice et de l'humanité de cette règle, jusqu'à croire réellement en elle, et nous sommes étonnés quand un homme a la hardiesse de l'appeler « une règle « inventée par les coupables, pour le bienfait des « coupables, et de laquelle nuls que les coupables « ne peuvent recueillir aucun avantage. »

A cette défense des débats français, le lecteur anglais doit donner tel poids qu'il croit convenable ; mais s'il est encore d'opinion que la supériorité de la loi anglaise, l'équité de ses principes et la justesse de leur application, son esprit doux, sa convenance à l'état présent de la société, et l'expédition, la convenance et la dignité de notre procédure légale, nous autorisent à considérer nos voisins moins éclairés avec mépris, qu'il réfléchisse sur le cas d'Ashford contre Thornton, une cause qui fut pendante durant plusieurs mois, débattue par un savant conseil, pleinement examinée, et enfin décidée, sans le dissentiment d'aucun juge, quelques jours seulement

avant la publication de cette Revue dans laquelle
les magistrats français sont si sévèrement cen-
surés pour leur conduite injuste et absurde. (1)

Un grief réel, et beaucoup plus sérieux que
ceux indiqués par les rédacteurs de la Revue
Britanique, est le long intervalle qui s'écoule
entre l'arrestation et le jugement. Il est vrai que,
ni en France ni en Angleterre, il n'y a de prisonnier enfermé sans quelque raison de croire
qu'il soit coupable, et, en France, une recherche
très-minutieuse a lieu immédiatement après l'arrestation, pour s'assurer s'il y a des raisons suffi-
santes pour le mettre en accusation ; mais chaque
prisonnier a droit d'attendre que les soupçons
qui peuvent exister contre lui soient, aussitôt
que possible, écartés ou confirmés par un jugement
définitif.

De l'examen du *Recueil des Causes célèbres*
publié par Méjean, en 12 volumes, Paris, 1810,
il résulte que les personnes dont les causes y sont
rapportées, étaient renfermées, avant le jugement,
pendant un espace d'environ cinq ou six mois, et
quelquefois même plus. Il est trop pénible pour
le prisonnier d'être enfermé pendant ce temps

---

(1) On trouve l'historique de cette affaire dans le second volume de l'*Histoire de l'Europe au moyen âge* p. 420, longue
note en petits caractères. (*Note du traducteur.*)

sans être condamné ; mais si nous le comparons
avec nos procédures , nous ne trouverons pas de
grandes raisons pour nous féliciter. Dans les comtés
du Nord , chaque prisonnier doit rester en prison
jusqu'à ce que les juges viennent le juger , ce
qu'ils font une fois par an. C'était peut-être
inévitable avant l'invention des chaises de
postes, des malles et d'autres voitures , et tandis
que les riverains du Nord étaient sujets à des in-
cursions hostiles. Mais nous avançons dans le
19ᵉᵐᵉ siècle, et maintenant même on ne fait qu'a-
giter une réforme, et elle est ridiculisée par beaucoup de gens de loi. Assurément , si ces comtés
étaient placés sur le même pied que le reste du
royaume, nous serions encore loin de ce que la
nécessité du cas requiert. Chaque trois mois au
moins , comme en France, les prisons seraient
débarrassées des accusés dont le cas est prêt
pour le jugement ; et si ce résultat ne peut être
obtenu avec les juges actuels , il faudrait en nom-
mer de nouveaux.

L'attention du parlement est maintenant ap-
pelée à hauts cris à la révision du Code criminel, et nous allons offrir ici, seulement sur une
partie de ce sujet, quelques observations plus éloi-
gnées. Quand des hommes reçoivent une sentence
de mort par cinquante à la fois, il est impérieu-

sement besoin de quelque réforme : cette réforme devrait avoir pour effet de diminuer de beaucoup le nombre des condamnations capitales, et de laisser ainsi la loi presque certaine dans son opération.

L'idée d'abolir entièrement des peines capitales, qui fut entretenue dans la première partie de la révolution française, a, dans cette contrée, mené à des dispositions plus sages; et c'est pour nous, à ce qu'il nous semble un devoir de protester à la fois contre cette aveugle clémence qui priverait la loi de sa sanction la plus efficace, et contre ces doutes de la légitimité de la peine capitale, qui rarement prennent naissance dans une autre cause que la répugnance de l'esprit humain à reconnaître la doctrine sévère que le gage du crime est la mort. Le magistrat qui voudrait, suivant les circonstances, mettre en évidence cette vérité, ne doit pas toujours tenir l'épée en vain.

Une autre observation est à ajouter, vu d'ailleurs que, d'après le sentiment du devoir, elle est applicable à tout le sujet. Tout importante que soit la législation, ce n'est pas dans la législation seulement que nous devons chercher les causes de la prospérité d'une nation. Les institutions politiques sont seulement la forme : les cœurs et les dispositions des hommes sont la substance de la société ; tandis que ceux-ci ne sont pas réformés, l'homme d'état peut élever un édifice spécieux, dont la forme et les proportions sont parfaites, mais menaçant ruine par défaut d'harmonie de ses matériaux. Ici la réforme est très-désirable ; elle produira de bonnes lois, ou en fera de bonnes ou de tolérables. Et ces réflexions se termineront par la prière que nous faisons de pouvoir obtenir, par l'assistance divine, cette amélioration morale, qui seule peut placer sur de solides fondements la paix et le bonheur de l'homme.

FIN.